HALLOWEEN TIERE

AF418319

Urheberrecht © 2020 von Bee Art Press
Alle Rechte vorbehalten. Dieses Buch oder Teile davon dürfen ohne ausdrückliche schriftliche Genehmigung des Herausgebers weder reproduziert noch in irgendeiner Weise verwendet werden, mit Ausnahme der Verwendung von kurzen Zitaten in einer Buchbesprechung.

www.ingramcontent.com/pod-product-compliance
Lightning Source LLC
Chambersburg PA
CBHW080850160726
47999CB00009B/3065